Impressum
Verlag: BABADADA GmbH, Nedderfeld 112 , 22529 Hamburg
Geschäftsführer / Verlagsleitung: Harald Hof
Druck: Books on Demand GmbH, In de Tarpen 42, 22848 Norderstedt

Imprint
Publisher: BABADADA GmbH, Nedderfeld 112 22529 Hamburg, Germany
Managing Director / Publishing direction: Harald Hof
Print: Books on Demand GmbH, In de Tarpen 42, 22848 Norderstedt, Germany

escola
mokykla

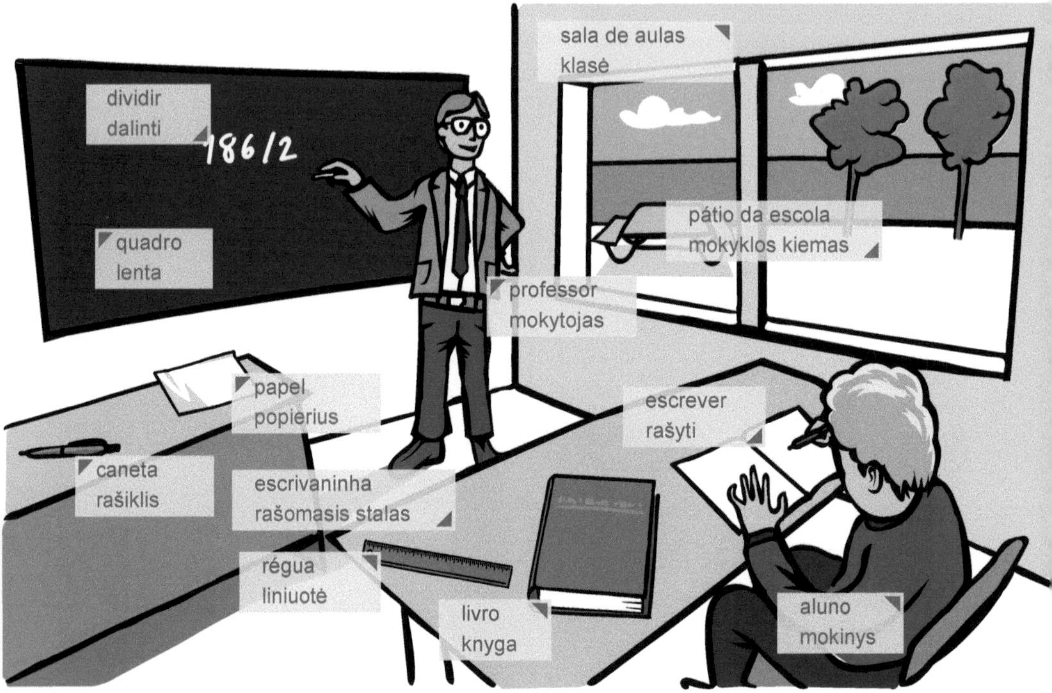
sala de aulas
klasė
dividir
dalinti
186/2
quadro
lenta
pátio da escola
mokyklos kiemas
professor
mokytojas
papel
popierius
escrever
rašyti
caneta
rašiklis
escrivaninha
rašomasis stalas
régua
liniuotė
livro
knyga
aluno
mokinys

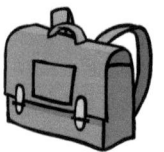

sacola

kuprinė

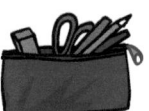

estojo de lápis

penalas

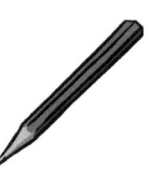

lápis

pieštukas

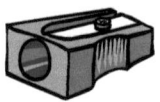

apontador de lápis

drožtukas

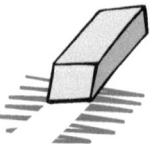

borracha

trintukas

bloco de desenho

piešimo bloknotas

desenho

piešinys

pincel

teptukas

estojo de tintas

dažų dėžutė

tesoura

žirklės

cola

klijai

livro de exercícios

vadovėlis

lição de casa

namų darbai

número

numeris

2+2

somar

pridėti

5-2

subtrair

atimti

multiplicar

dauginti

calcular

skaičiuoti

letra

raidė

alfabeto

abėcėlė

palavra

žodis

texto

tekstas

ler

skaityti

giz

kreida

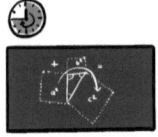

hora

pamoka

registro da classe

dienynas

exame

egzaminas

certificado

pažymėjimas

uniforme escolar

mokyklinė uniforma

educação

išsilavinimas

enciclopédia

enciklopedija

universidade

universitetas

microscópio

mikroskopas

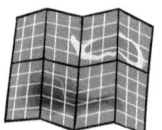

mapa

žemėlapis

cesto de lixo

šiukšliadėžė

viagem
kelionė

hotel
viešbutis
Grand
albergue
svečių namai
ROOMS
casa de câmbio
valiutos keitykla
mala
lagaminas
carro
mašina

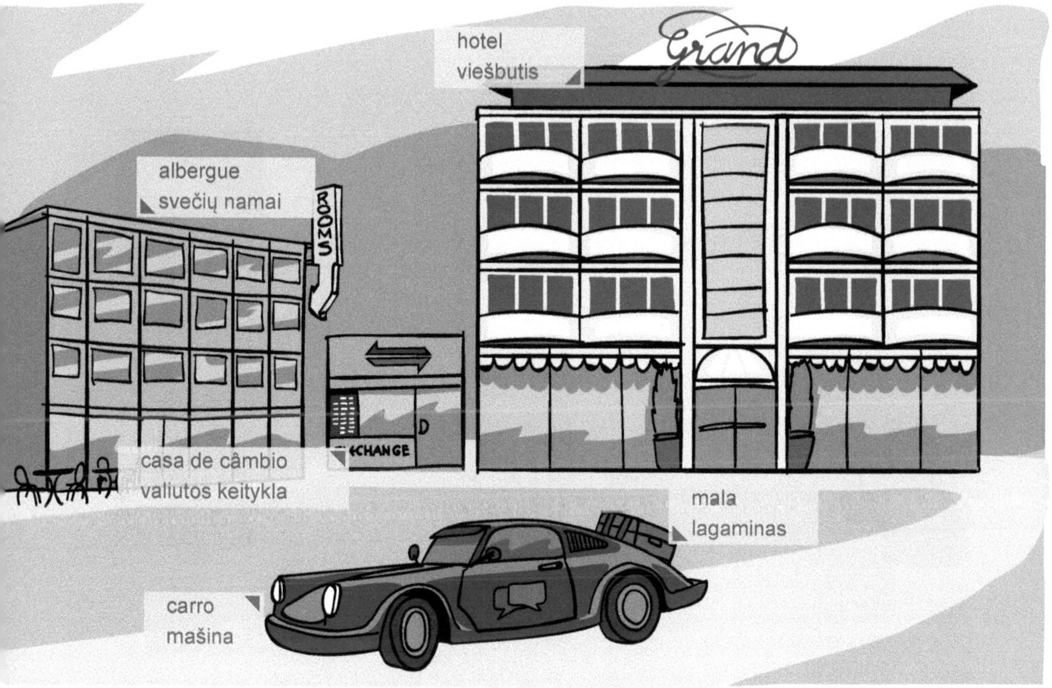

idioma
kalba

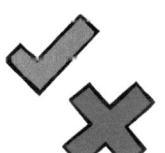

sim / não
taip / ne

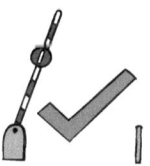

ok
Gerai

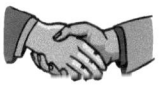

Olá
sveiki

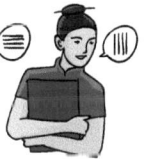

tradutor
vertėjas raštu

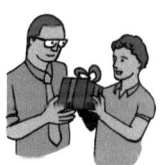

obrigado
Ačiū

quanto custa...?

kiek kainuoja...?

eu não entendo

aš nesuprantu

problema

problema

boa noite!

Labas vakaras!

Bom dia!

Labas rytas!

Boa noite!

Labos nakties!

até logo

viso gero

direção

kryptis

bagagem

bagažas

bolsa

krepšys

mochila

kuprinė

convidado

svečias

quarto

kambarys

saco de dormir

miegmaišis

barraca

palapinė

informação turística

turizmo informacija

praia

paplūdimys

cartão de crédito

kreditinė kortelė

café da manhã

pusryčiai

almoço

pietūs

jantar

vakarienė

bilhete

bilietas

elevador

liftas

selo

pašto ženklas

fronteira

siena

alfândega

muitinė

embaixada

ambasada

visto

viza

passaporte

pasas

transporte
transportas

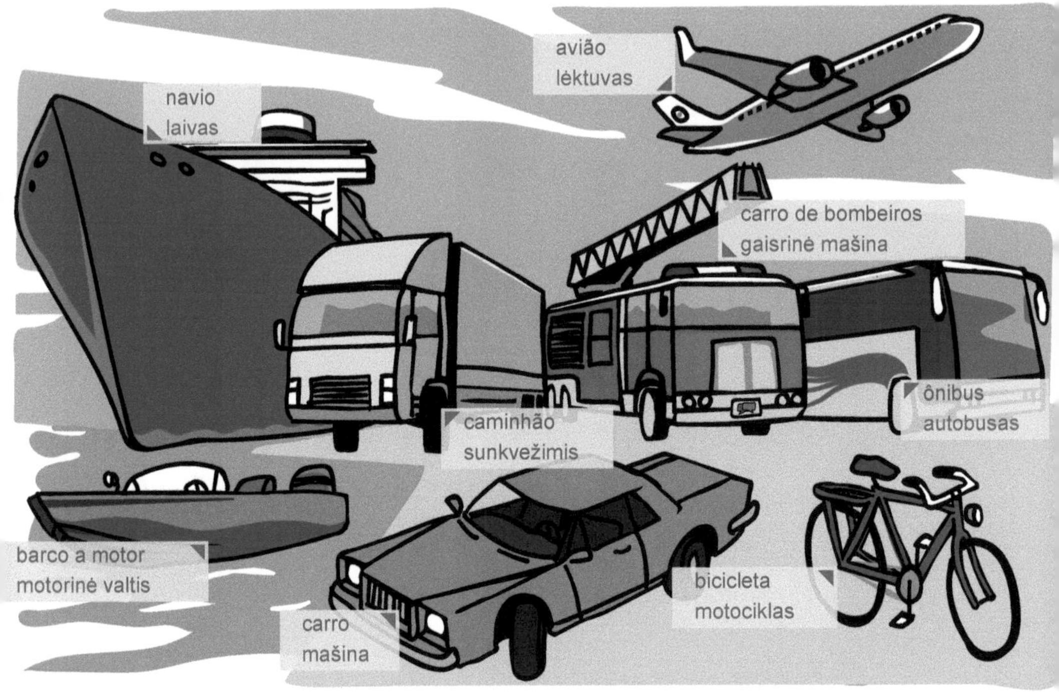
avião
lėktuvas
navio
laivas
carro de bombeiros
gaisrinė mašina
ônibus
autobusas
caminhão
sunkvežimis
barco a motor
motorinė valtis
bicicleta
motociklas
carro
mašina

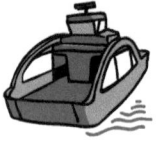

balsa

keltas

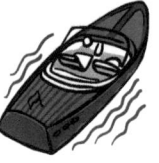

barco

valtis

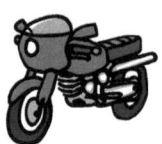

motocicleta

mopedas

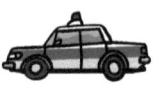

veículo policial

policijos automobilis

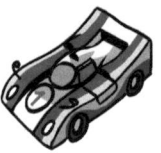

carro de corrida

lenktyninis automobilis

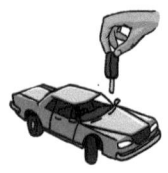

carro de aluguel

nuomojamas automobilis

compartilhamento de automóvel
bendras automobilio naudojimas

caminhão de reboque
techninės pagalbos automobilis

caminhão de lixo
šiukšliavežė

motor
variklis

combustível
degalai

posto de gasolina
degalinė

placa de trânsito
kelio ženklas

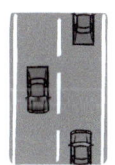

trânsito
eismas

trânsito lento
eismo spūstis

estacionamento
mašinų stovėjimo aikštelė

estação de trem
traukinių stotis

trilhos
bėgiai

trem
traukinys

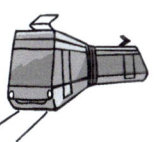

bonde
tramvajus

vagão
vagonas

helicóptero

sraigtasparnis

aeroporto

oro uostas

torre

bokštas

passageiro

keleivis

contêiner

konteineris

cartolina

dėžė

carroça

vežimėlis

cesto

krepšys

decolar / pousar

pakilti / nusileisti

cidade

miestas

vilarejo

kaimas

centro da cidade

miesto centras

casa

namas

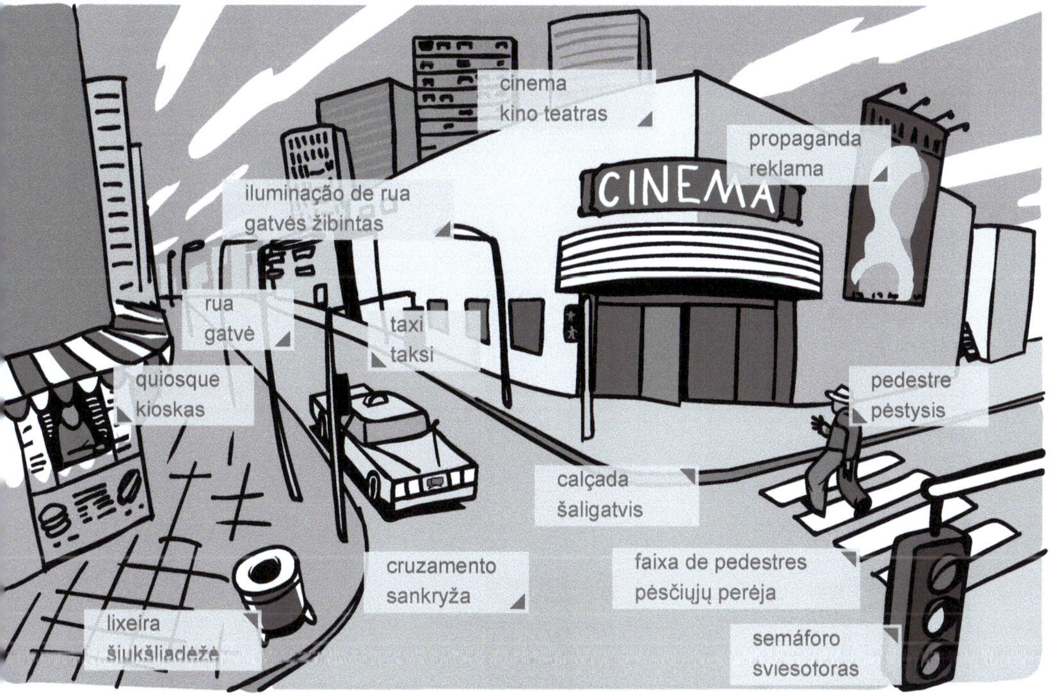

cinema
kino teatras
propaganda
reklama
CINEMA
iluminação de rua
gatvės žibintas
rua
gatvė
taxi
taksi
quiosque
kioskas
pedestre
pėstysis
calçada
šaligatvis
cruzamento
sankryža
faixa de pedestres
pėsčiųjų perėja
lixeira
šiukšliadėžė
semáforo
šviesoforas

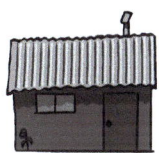

cabana

trobelė

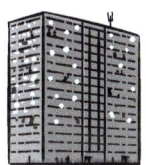

apartamento

butas

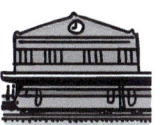

estação de trem

traukinių stotis

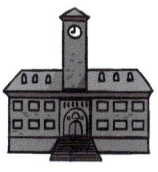

prefeitura

rotušė

MUSEUM

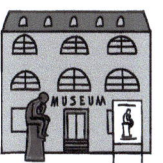

museu

muziejus

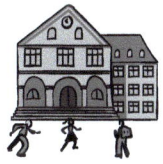

escola

mokykla

universidade

universitetas

banco

bankas

hospital

ligoninė

hotel

viešbutis

farmácia

vaistinė

escritório

biuras

livraria

knygynas

loja

parduotuvė

floricultura

gėlių parduotuvė

supermercado

prekybos centras

mercado

turgus

loja de departamentos

universalinė parduotuvė

peixaria

žuvies parduotuvė

centro comercial

prekybos centras

porto

uostas

parque

parkas

banco

suoliukas

ponte

tiltas

escadas

laiptai

metrô

metro

túnel

tunelis

ponto de ônibus

autobusų stotelė

bar

baras

restaurante

restoranas

caixa de correspondência

lauko pašto dėžutė

placa de rua

kelio ženklas

parquímetro

parkomatas

zoológico

zoologijos sodas

piscina

baseinas

mesquita

mečetė

fazenda

ūkininko ūkis

poluição

tarša

cemitério

kapinės

igreja

bažnyčia

parquinho

žaidimų aikštelė

templo

šventykla

paisagem

kraštovaizdis

folha
lapas

placa de sinalização
kelio rodyklė

caminho
kelias

gramado
pieva

pedra
akmuo

caminhantes
éjikas

árvore
medis

rio
upė

grama
žolė

flor
gėlė

vale
....
slėnis

montanha
....
kalva

lago
....
ežeras

floresta
....
miškas

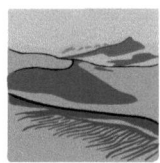

deserto
....
dykuma

vulcão
....
ugnikalnis

castelo
....
pilis

arco-íris
....
vaivorykštė

cogumelo
....
grybas

palmeira
....
palmė

mosquito
....
uodas

mosca
....
musė

formiga
....
skruzdėlė

abelha
....
bitė

aranha
....
voras

besouro

vabalas

sapo

varlė

esquilo

voverė

ouriço

ežys

lebre

kiškis

coruja

pelėda

pássaro

paukštis

cisne

gulbė

javali

šernas

veado

elnias

alce

briedis

barragem

užtvanka

aerogerador

vėjo jėgainė

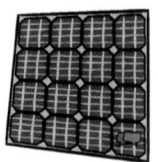

painel solar

saulės baterija

clima

klimatas

restaurante

restoranas

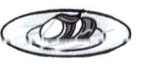

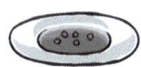

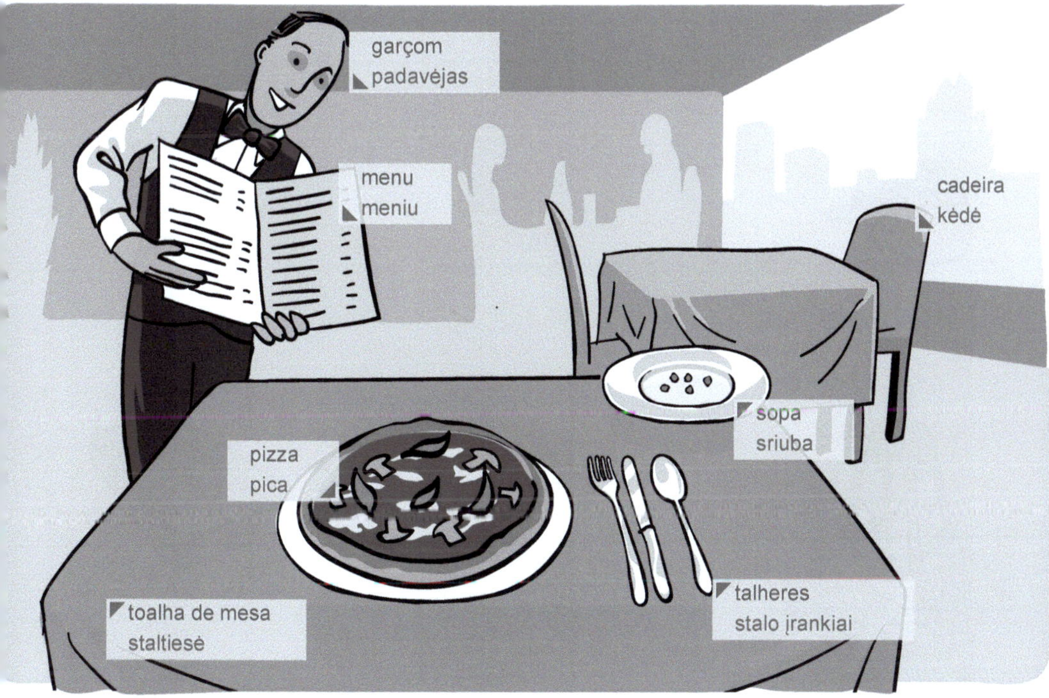
garçom
padavėjas
menu
meniu
cadeira
kėdė
sopa
sriuba
pizza
pica
toalha de mesa
staltiesė
talheres
stalo įrankiai

entrada

užkandis

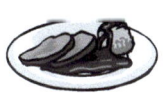

prato principal

pagrindinis patiekalas

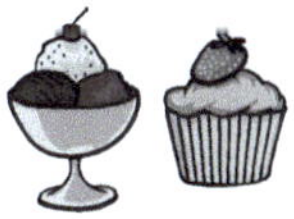

sobremesa

desertas

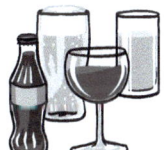

bebidas

gėrimai

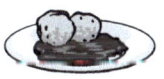

comida

maistas

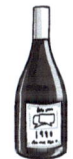

garrafa

butelis

fastfood
greitai pateikiamas maistas

comida de rua
gatvės maistas

bule de chá
arbatinukas

açucareiro
cukrinė

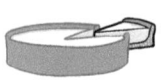

porção
porcija

máquina de expresso
espreso aparatas

cadeirão
aukšta kėdė

conta
sąskaita

bandeja
padėklas

faca
peilis

garfo
šakutė

colher
šaukštas

colher de chá
arbatinis šaukštelis

guardanapo
servetėlė

copo
stiklinė

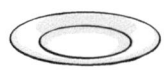

prato
lėkštė

prato de sopa
sriubos lėkštė

pires
padėklas

molho
padažas

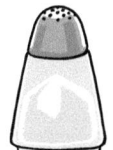

saleiro
druskinė

moedor de pimenta
pipirų malūnėlis

vinagre
actas

óleo
aliejus

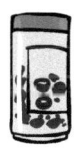

especiarias
prieskoniai

ketchup
kečupas

mostarda
garstyčios

maionese
majonezas

supermercado
prekybos centras

oferta especial
specialus pasiūlymas
FOR
cliente
pirkėjas
laticínios
pieno produktai
frutas
vaisiai
carrinho de compras
troleibusas

BUTCHERS

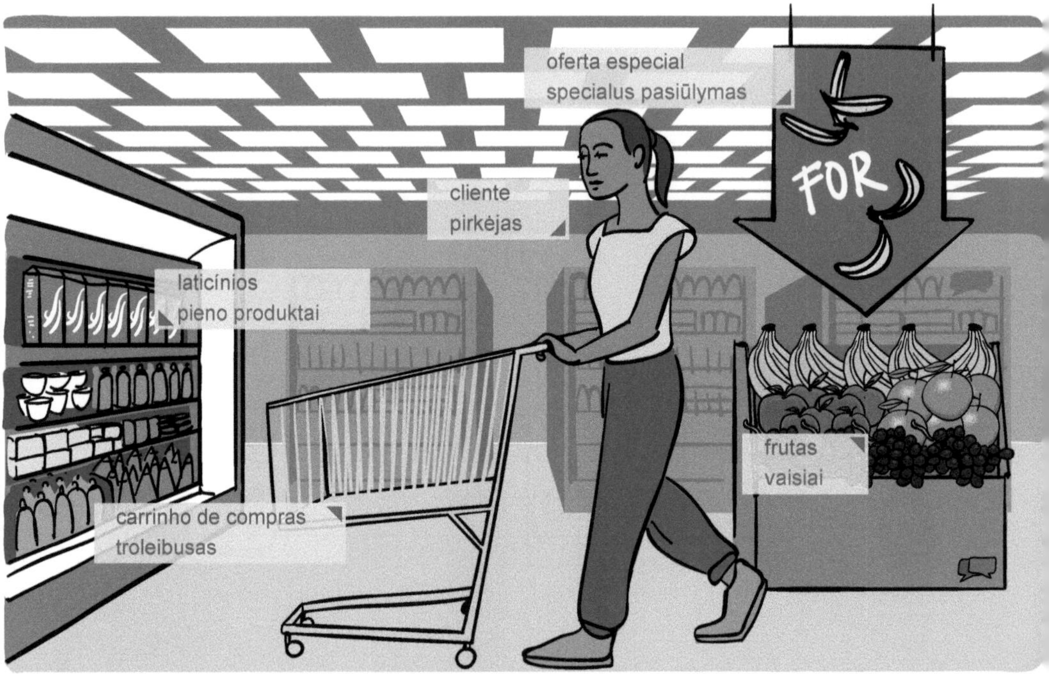

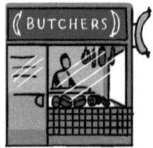

açougue

mėsos parduotuvė

BAKERY

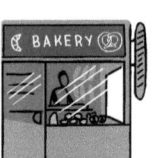

padaria

kepykla

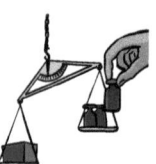

pesar

sverti

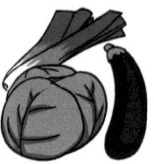

legumes

daržovės

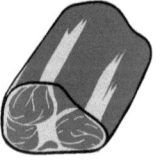

carne

mėsa

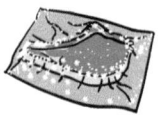

congelados

šaldytas maistas

charcutaria

šalti mėsos užkandžiai

conservas

konservai

detergente em pó

skalbimo milteliai

doces

saldumynai

artigos domésticos

ūkinės prekės

produtos de limpeza

valymo priemonės

vendedora

pardavėja

caixa

kasos aparatas

caixa

kasininkas

lista de compras

pirkinių sąrašas

horário de funcionamento

darbo valandos

carteira

piniginė

cartão de crédito

kreditinė kortelė

sacola

maišelis

saco plástico

plastikinis maišelis

água
....
vanduo

suco
....
sultys

leite
....
pienas

coca-cola
....
kola

vinho
....
vynas

cerveja
....
alus

álcool
....
alkoholis

cacau
....
kakava

chá
....
arbata

café
....
kava

expresso
....
espresas

cappuccino
....
kapučinas

banana

bananas

maçã

obuolys

laranja

apelsinas

melão

arbūzas

limão

citrina

cenoura

morka

alho

česnakas

bambu

bambukas

cebola

svogūnas

cogumelo

grybas

nozes

riešutai

macarrão

makaronai

espaguete

spagečiai

arroz

ryžiai

salada

salotos

batatas fritas

traškučiai

batatas frias

keptos bulvės

pizza

pica

hambúrger

mėsainis

sanduíche

sumuštinis

escalope

pjausnys

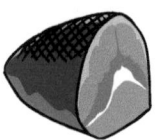

presunto

kumpis

salame

saliamis

salsicha

dešrelė

galinha

vištiena

assado

kepsnys

peixe

žuvis

flocos de aveia

avižų dribsniai

granola

dribsniai su priedais

flocos de milho

kukurūzų dribsniai

farinha

miltai

croissant

prancūziškasis ragelis

pãozinho

bandelė

pão

duona

torrada

skrebutis

biscoitos

sausainiai

manteiga

sviestas

requeijão

varškė

bolo

tortas

ovo

kiaušinis

ovo frito

kiaušinienė

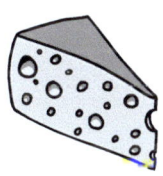

queijo

sūris

sorvete

ledai

açúcar

cukrus

mel

medus

geleia

uogienė

creme de avelãs

tepamas šokoladas

curry

karis

fazenda
ūkininko ūkis

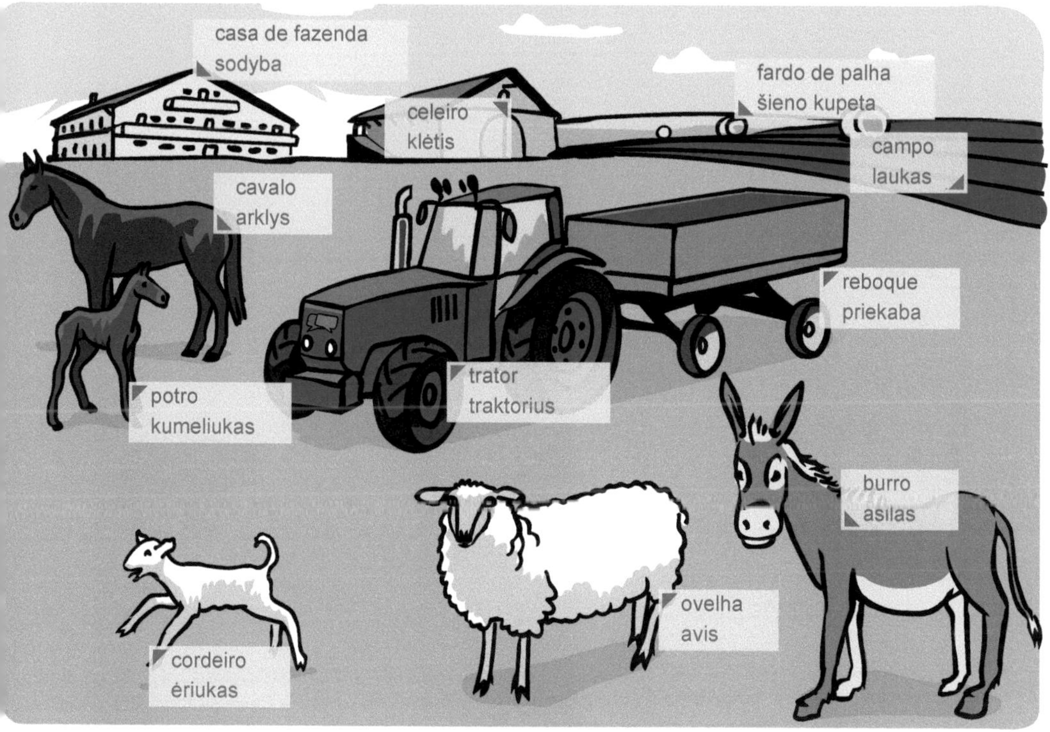
casa de fazenda
sodyba
celeiro
klėtis
fardo de palha
šieno kupeta
campo
laukas
cavalo
arklys
reboque
priekaba
trator
traktorius
potro
kumeliukas
burro
asilas
ovelha
avis
cordeiro
ėriukas

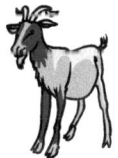

cabra

ožys

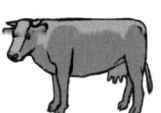

vaca

karvė

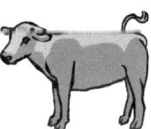

bezerro

veršis

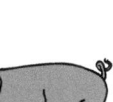

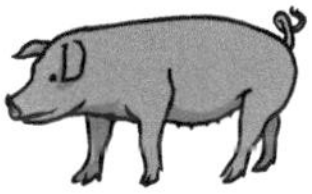

porco

kiaulė

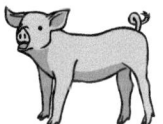

leitão

paršelis

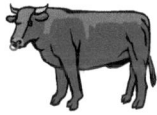

touro

bulius

ganso

žąsis

pato

antis

pintinho

viščiukas

galinha

višta

galo

gaidys

ratazana

žiurkė

gato

katė

camundongo

pelė

boi

jautis

cachorro

šuo

casinha do cachorro

šuns būda

mangueira de jardim

sodo namas

regador

laistytuvas

foice

dalgis

arado

plūgas

foice

pjautuvas

enxada

kauptukas

forquilha

šakės

machado

kirvis

carrinho de mão

statinė

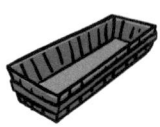

manjedoura

lovys

jarra de leite

bidonas

saco

maišas

cerca

tvora

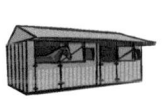

estábulo

arklidė

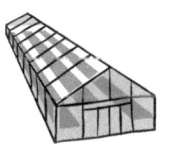

estufa

šiltnamis

solo

dirva

semente

sėkla

fertilizante

trąšos

colheitadeira

kombainas

colher

rinkti

colheita

derlius

inhame

saldžiosios bulvės

trigo

kviečiai

soja

soja

batata

bulvė

milho

kukurūzai

colza

rapsai

árvore frutífera

vaismedis

mandioca

manijokas

cereais

grūdai

fazenda - ūkininko ūkis

casa
namas

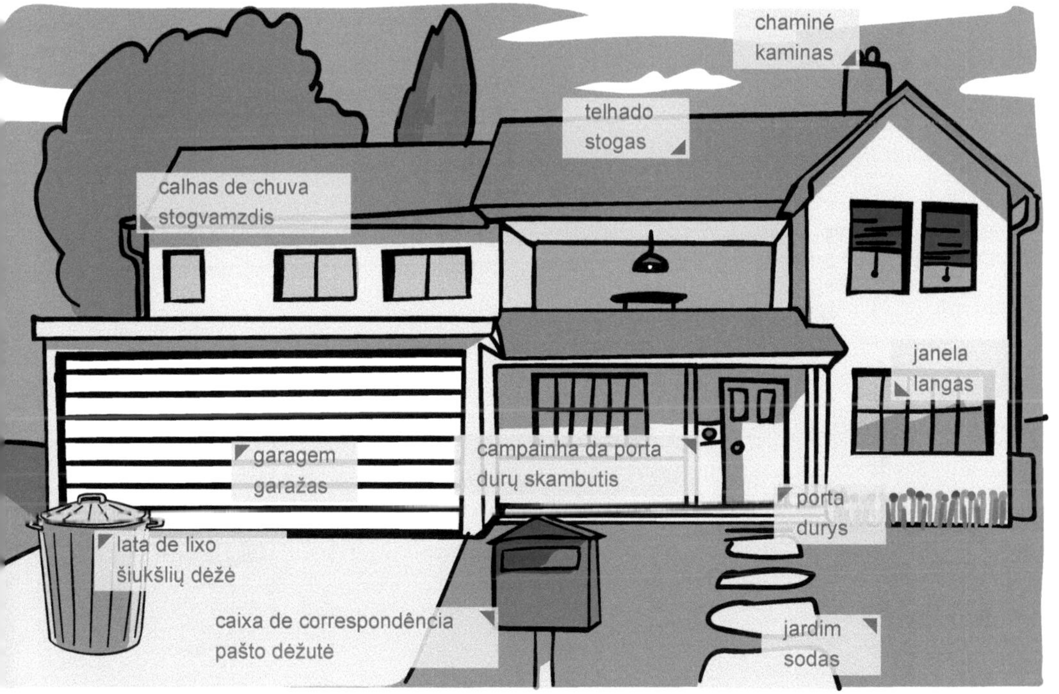
chaminé
kaminas
telhado
stogas
calhas de chuva
stogvamzdis
janela
langas
garagem
garažas
campainha da porta
durų skambutis
porta
durys
lata de lixo
šiukšlių dėžė
caixa de correspondência
pašto dėžutė
jardim
sodas

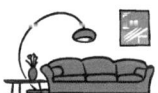

sala de estar

svetainė

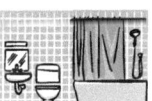

banheiro

vonios kambarys

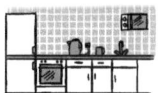

cozinha

virtuvė

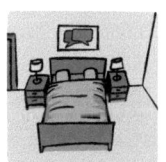

quarto de dormir

miegamasis

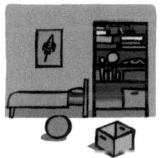

quarto de criança

vaiko kambarys

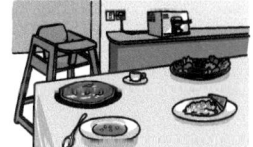

sala de jantar

valgomasis

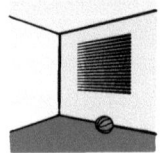

chão
grindys

parede
siena

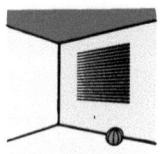

teto
lubos

porão
rūsys

sauna
sauna

varanda
balkonas

terraço
terasa

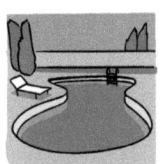

piscina
baseinas

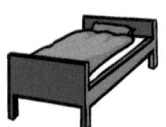

cortador de grama
žoliapjovė

lençol
paklodė

coberta
lovatiesė

cama
lova

vassoura
šluota

balde
kibiras

interruptor
jungiklis

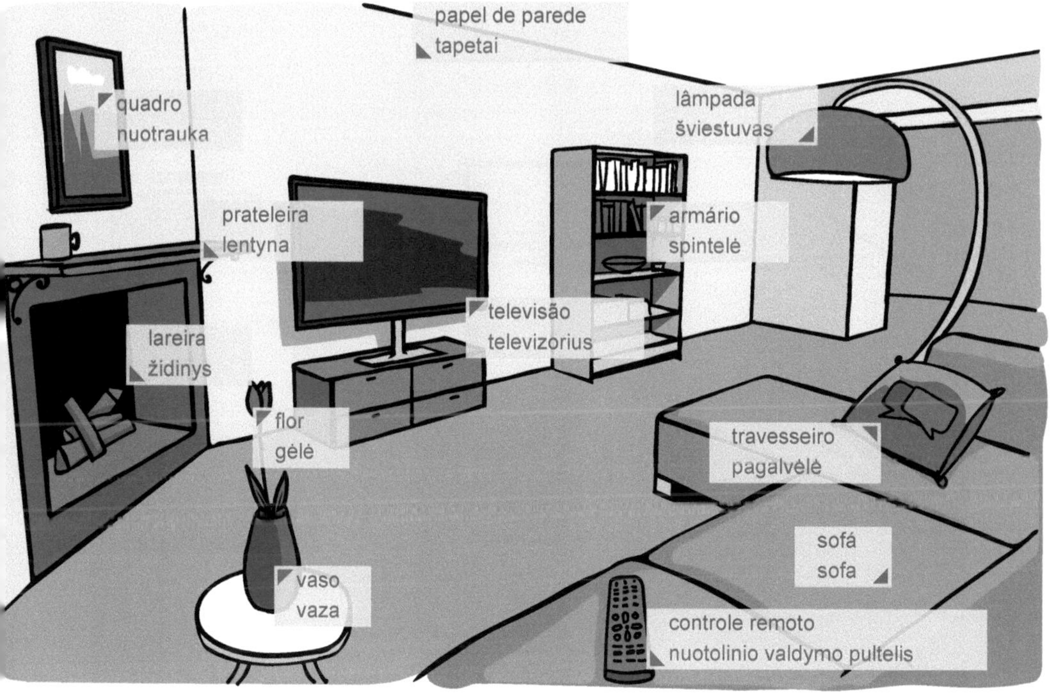

papel de parede
tapetai

quadro
nuotrauka

lâmpada
šviestuvas

prateleira
lentyna

armário
spintelė

lareira
židinys

televisão
televizorius

flor
gėlė

travesseiro
pagalvėlė

sofá
sofa

vaso
vaza

controle remoto
nuotolinio valdymo pultelis

tapete
kilimas

cortina
užuolaida

mesa
stalas

cadeira
kėdė

cadeira de balanço
supamasis krėslas

poltrona
fotelis

livro

knyga

cobertor

antklodė

decoração

papuošimai

lenha

malkos

filme

filmas

equipamento de som

stereo aparatūra

chave

raktas

jornal

laikraštis

pintura

paveikslas

pôster

plakatas

rádio

radijas

bloco de notas

užrašų knygelė

aspirador

dulkių siurblys

cacto

kaktusas

vela

žvakė

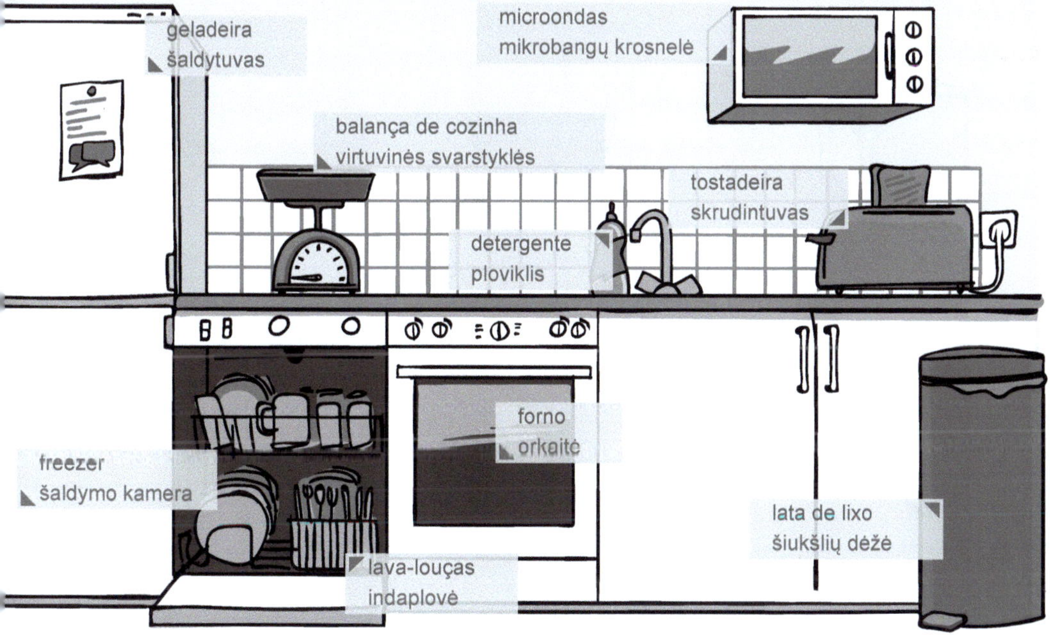

geladeira
šaldytuvas

microondas
mikrobangų krosnelė

balança de cozinha
virtuvinės svarstyklės

tostadeira
skrudintuvas

detergente
ploviklis

forno
orkaitė

freezer
šaldymo kamera

lata de lixo
šiukšlių dėžė

lava-louças
indaplovė

fogão
....
viryklė

panela
....
puodas

panela de ferro
....
ketaus puodas

wok / kadai
....
„wok" keptuvė

frigideira
....
keptuvė

chaleira
....
virdulys

panela a vapor

garų puodas

tabuleiro de forno

kepimo skarda

louça

porceliano indai

caneca

puodelis

caçarola

dubuo

hashi

valgomosios lazdelės

concha de sopa

samtis

espátula

mentelė

batedor

plaktuvas

escorredor

koštuvas

peneira

sietas

ralador

trintuvė

almofariz

grūstuvė

churrasqueira

kepsninė

lareira

atvira liepsna

tábua de cortar

pjaustymo lentelė

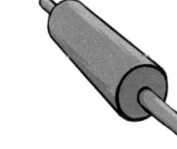

rolo da massa

kočėlas

saca-rolhas

kamščiatraukis

lata

skardinė

abridor de latas

skardinių atidarytuvas

pegador de panela

puodkėlė

pia

kriauklė

escova

šepetys

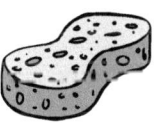

esponja

kempinė

liquidificador

trintuvas

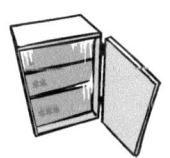

congelador

šaldiklis

mamadeira

kūdikių buteliukas

torneira

čiaupas

banheiro
vonios kambarys

aquecimento
šildymas
toalha
rankšluostis
ducha
dušas
cortina de chuveiro
dušo užuolaidos
banho de espuma
vonios putos
banheira
vonia
copo
stiklinė
lava-roupa
skalbimo mašina
torneira
čiaupas
azulejos
plytelės
penico
naktinis puodukas
pia
kriauklė

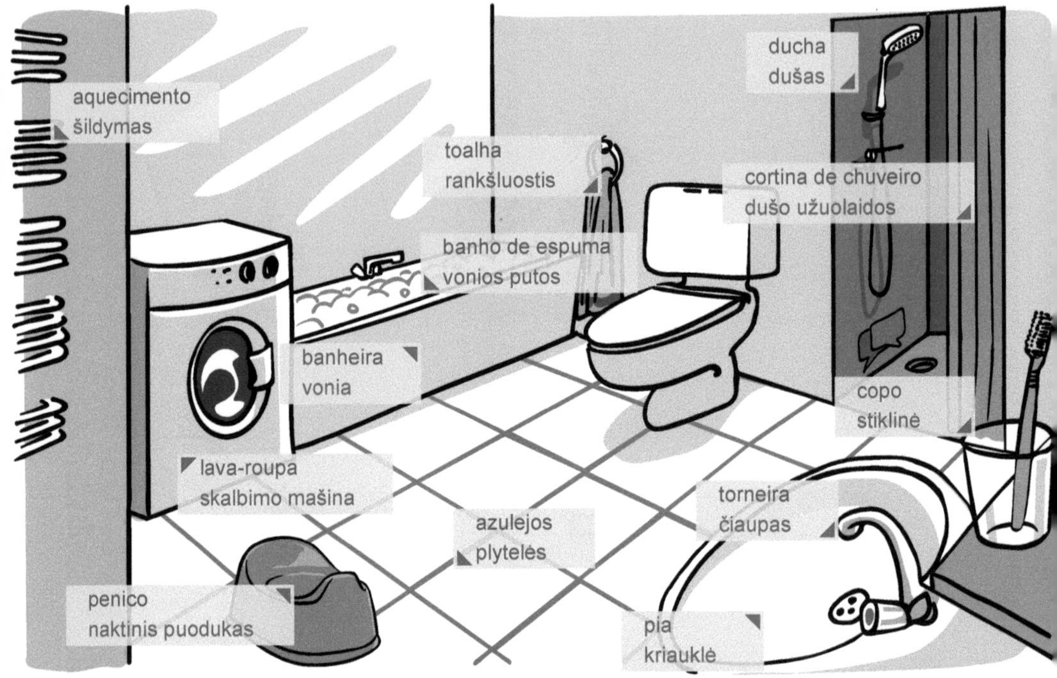

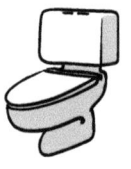

vaso sanitário

unitazas

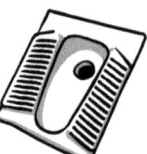

lavabo de agachar

tupimasis unitazas

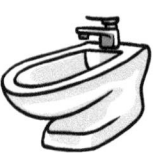

bidê

bidė

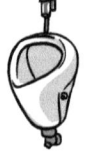

mictório

pisuaras

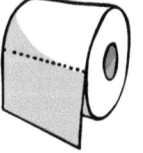

papel higiênico

tualetinis popierius

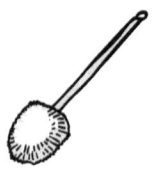

escova de privada

unitazo šepetys

escova de dentes

dantų šepetėlis

pasta de dentes

dantų pasta

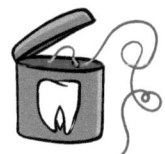

fio dental

dantų siūlas

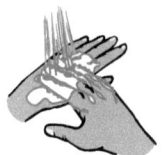

lavar

plauti

ducha de mão

dušo galvutė

ducha íntima

higieninis dušas

bacia

praustuvas

escova para as costas

nugaros plaušinė

sabonete

muilas

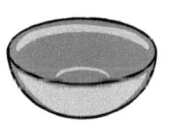

gel de banho

dušo želė

xampu

šampūnas

toalha de rosto

plaušinė

escoamento

kanalizaoija

creme

kremas

desodorante

dezodorantas

espelho

veidrodis

espelho de mão

veidrodėlis

barbeador

skustuvas

espuma de barbear

skutimosi putos

loção pós-barba

losjonas po skutimosi

pente

šukos

escova

šepetys

secador de cabelo

plaukų džiovintuvas

spray de cabelo

plaukų lakas

maquiagem

makiažas

batom

lūpdažis

esmalte de unhas

nagų lakas

algodão

vata

tesoura para unhas

žirklutės nagams

perfume

kvepalai

nécessaire

maišelis skalbiniams

banquinho

taburetė

balança

svarstyklės

roupão de banho

chalatas

luvas de borracha

guminės pirštinės

absorvente interno

tamponas

absorvente íntimo

higieninis įklotas

banheiro químico

biotualetas

quarto de criança
vaiko kambarys

despertador
žadintuvas
boneco de pelúcia
pliušinis žaislas
carrinho de brinquedo
žaislinė mašinėlė
chacoalho
barškutis
casa de bonecas
lėlės namelis
presente
dovana

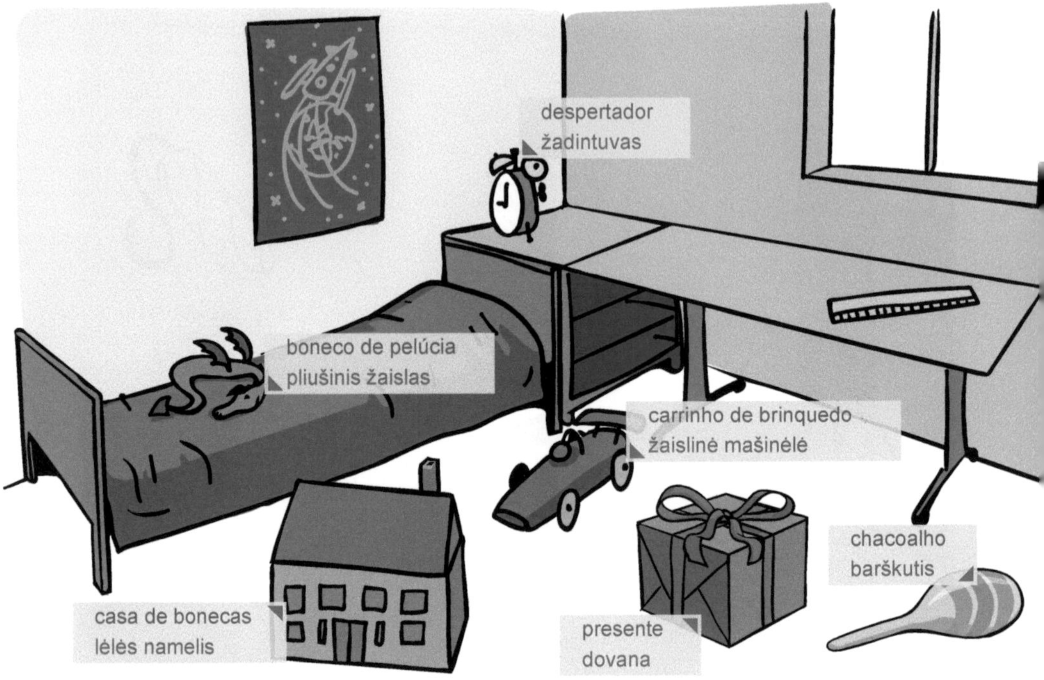

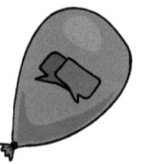

balão
balionas

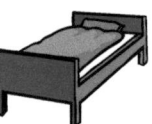

cama
lova

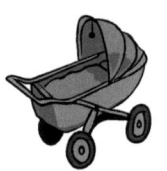

carrinho de bebê
vaikiškas vežimėlis

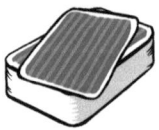

jogo de cartas
kortų malka

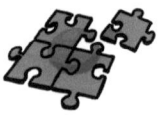

quebra-cabeças
delionė

SUPER MEGA

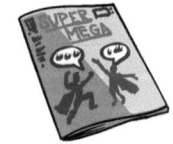

revista de quadrinhos
komiksai

peças de Lego
·················
lego kaladėlės

blocos de construção
·················
žaislinės kaladėlės

figura de ação
·················
figūrėlė

macaquinho de bebê
·················
šliaužtinukai

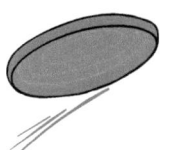

frisbee
·················
mėtymo lėkštė

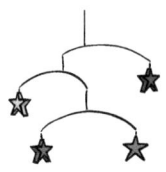

móbile para bebé
·················
karuselė

jogo de tabuleiro
·················
stalo žaidimas

dados
·················
kauliukai

trenzinho elétrico
·················
žaislinis traukinys

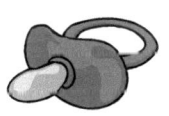

chupeta
·················
žindukas

festa
·················
vakarėlis

livro ilustrado
·················
paveiksliukų knygelė

bola
·················
kamuolys

boneca
·················
lėlė

brincar
·················
žaisti

caixa de areia

smėlio dėžė

balanço

sūpynės

brinquedos

žaislai

videogame

žaidimų konsolė

triciclo

triratukas

ursinho de pelúcia

meškiukas

guarda-roupa

drabužių spinta

vestuário

drabužis

meias

kojinės

meias pelo joelho

kojinės virš kelių

meias-calças

pėdkelnės

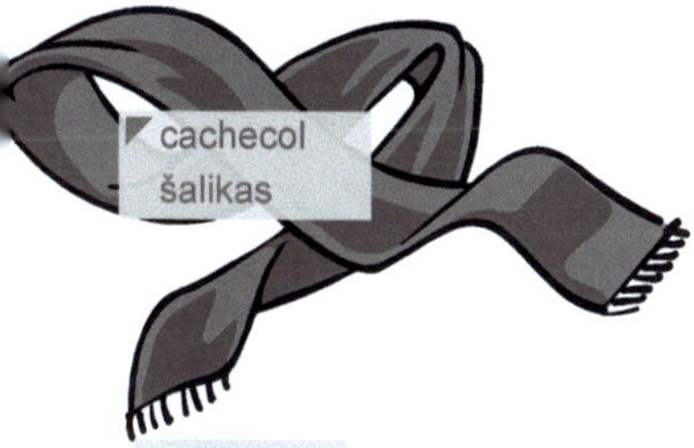

cachecol
šalikas

guarda-chuva
skėtis

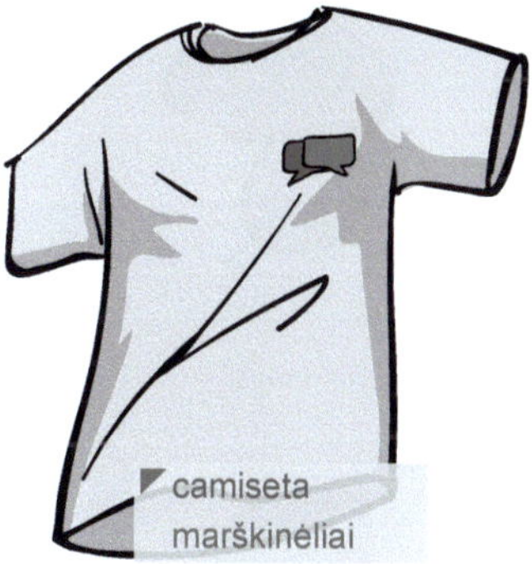

cinto
diržas

camiseta
marškinėliai

botas
ilgaauliai batai

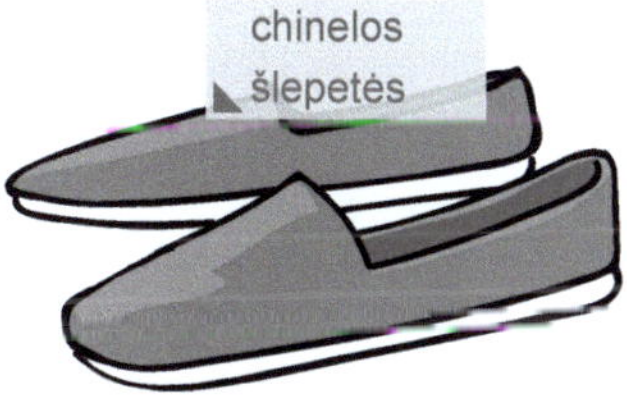

chinelos
šlepetės

tênis
sportbačiai

sandálias
·················
sandalai

sapatos
·················
batai

botas de borracha
·················
guminiai batai

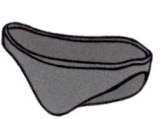

roupa de baixo
·················
trumpikės

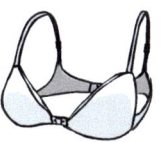

sutiã
·················
liemenėlė

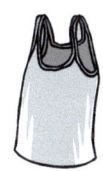

camiseta de baixo
·················
liemenė

body
glaustinukė

calças
kelnės

jeans
džinsai

saia
sijonas

blusa
palaidinė

camisa
marškiniai

pulôver
megztinis

suéter com capuz
megztinis su gobtuvu

blazer
švarkelis

jaqueta
švarkas

casaco
paltas

gabardine
lietpaltis

traje
kostiumas

vestido
suknelė

vestido de casamento
vestuvinė suknelė

terno
kostiumas

camisola
naktiniai marškiniai

pijama
pižama

sari
saris

lenço de cabeça
skarelė

turbante
tiurbanas

burca
burka

cafetã
kaftanas

abaya
abaja

maiô
maudymosi kostiumėlis

sunga
glaudės

shorts
šortai

roupa de treino
sportinis kostiumas

avental
prijuostė

luvas
pirštinės

botão
....
saga

óculos
....
akiniai

pulseira
....
apyrankė

colar
....
vėrinys

anel
....
žiedas

brinco
....
auskaras

boné
....
kepurė

cabide
....
pakabas

chapéu
....
skrybėlė

gravata
....
kaklaraištis

zíper
....
užtrauktukas

capacete
....
šalmas

suspensórios
....
breketai

uniforme escolar
....
mokyklinė uniforma

uniforme
....
uniforma

vestuário - drabužis

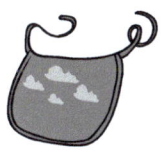

babador

seilinukas

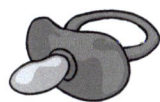

chupeta

žindukas

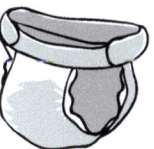

fralda

vystyklai

escritório
biuras

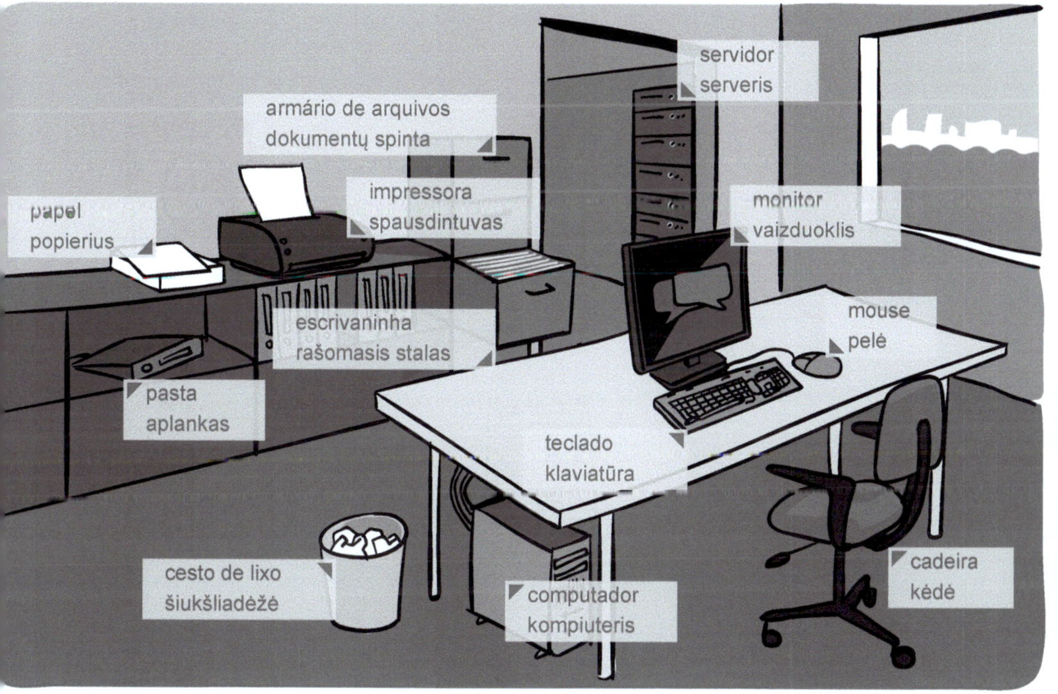

servidor
serveris
armário de arquivos
dokumentų spinta
impressora
spausdintuvas
papel
popierius
monitor
vaizduoklis
mouse
pelė
escrivaninha
rašomasis stalas
pasta
aplankas
teclado
klaviatūra
cesto de lixo
šiukšliadėžė
computador
kompiuteris
cadeira
kėdė

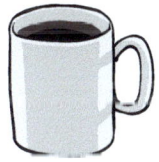

xícara de café

kavos puodelis

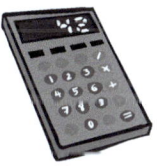

calculadora

kalkuliatorius

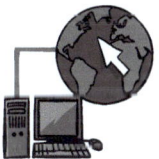

internet

internetas

laptop

nešiojamasis kompiuteris

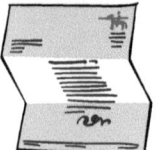

carta

laiškas

mensagem

žinutė

celular

mobilusis telefonas

rede

tinklas

copiadora

fotokopijavimo aparatas

software

programinė įranga

telefone

telefonas

tomada

kištukinis lizdas

fax

faksas

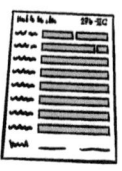

formulário

forma

documento

dokumentas

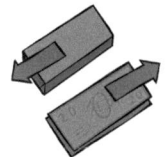

comprar
pirkti

pagar
mokėti

negociar
prekiauti

dinheiro
pinigai

Dólar
doleris

Euro
euras

Yen
jena

rublo
rublis

franco suíço
Šveicarijos frankas

renminbi yuan
juanis

rupia
rupija

caixa eletrônico
bankomatas

casa de câmbio

valiutos keitykla

ouro

auksas

prata

sidabras

petróleo

nafta

energia

energija

preço

kaina

contrato

sutartis

imposto

mokestis

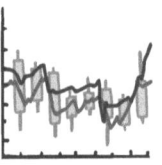

ação

akcijos

trabalhar

dirbti

empregado

darbuotojas

empregador

darbdavys

fábrica

gamykla

loja

parduotuvė

profissões
profesijos

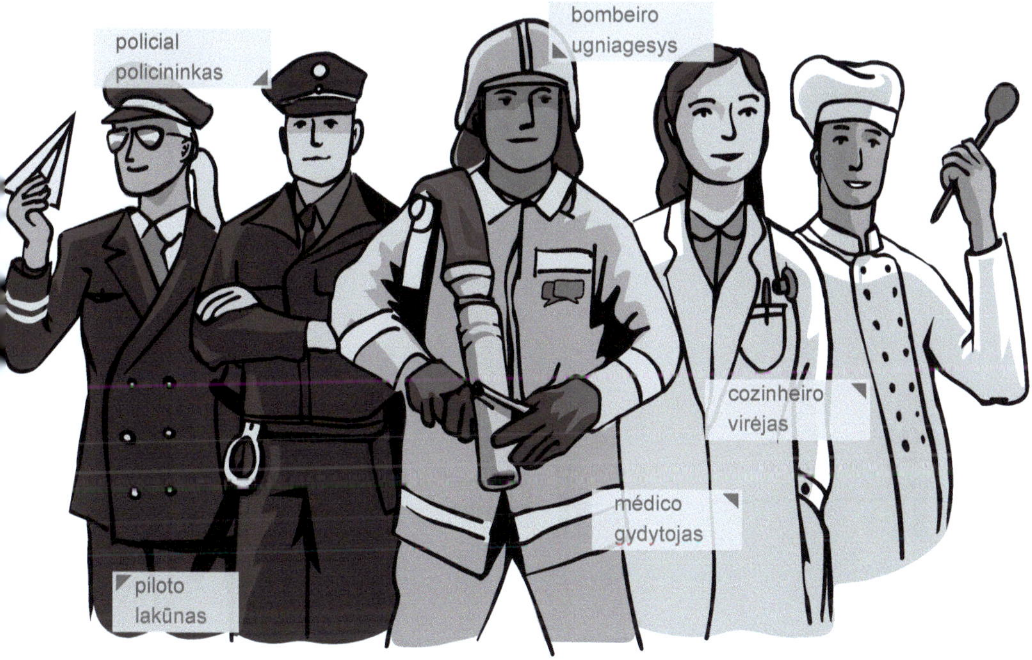
policial
policininkas
bombeiro
ugniagesys
cozinheiro
virėjas
médico
gydytojas
piloto
lakūnas

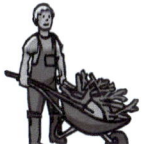

jardineiro

sodininkas

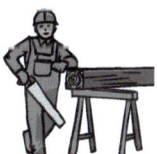

marceneiro

stalius

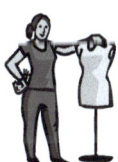

costureira

siuvėja

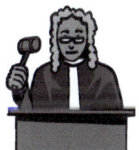

juiz

teisėjas

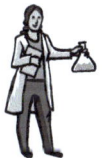

químico

chemikas

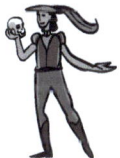

ator

aktorius

motorista de ônibus

autobuso vairuotojas

motorista de táxi

taksi vairuotojas

pescador

žvejys

faxineira

valytoja

telhador

stogdengys

garçom

padavėjas

caçador

medžiotojas

pintor

dailininkas

padeiro

kepėjas

eletricista

elektrikas

construtor

statybininkas

engenheiro

inžinierius

açougueiro

mėsininkas

encanador

santechnikas

carteiro

paštininkas

soldado

kareivis

arquiteto

architektas

caixa

kasininkas

florista

gėlininkas

cabelereiro

kirpėjas

condutor

konduktorius

mecânico

mechanikas

capitão

kapitonas

dentista

odontologas

cientista

mokslininkas

rabino

rabinas

imam

imamas

monge

vienuolis

pastor

kunigas

ferramentas

įrankiai

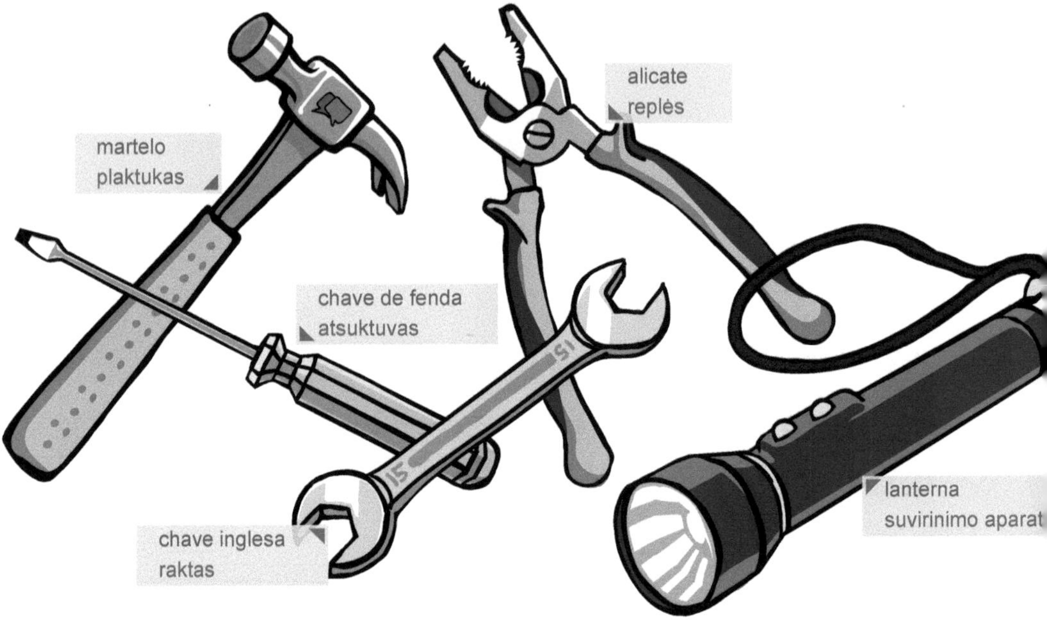
alicate
replės
martelo
plaktukas
chave de fenda
atsuktuvas
lanterna
suvirinimo aparat
chave inglesa
raktas

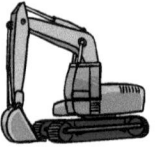

escavadora

ekskavatorius

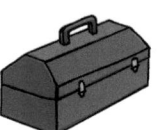

caixa de ferramentas

įrankių dėžė

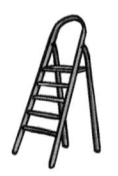

escada de mão

kopėčios

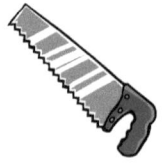

serra

pjūklas

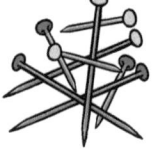

pregos

vinys

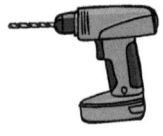

furadeira

grąžtas

consertar

taisyti

pá

kastuvas

Droga!

Velniava!

pá de lixo

semtuvėlis

pote de tinta

dažų skardinė

parafusos

varžtai

instrumentos musicais

muzikos instrumentai

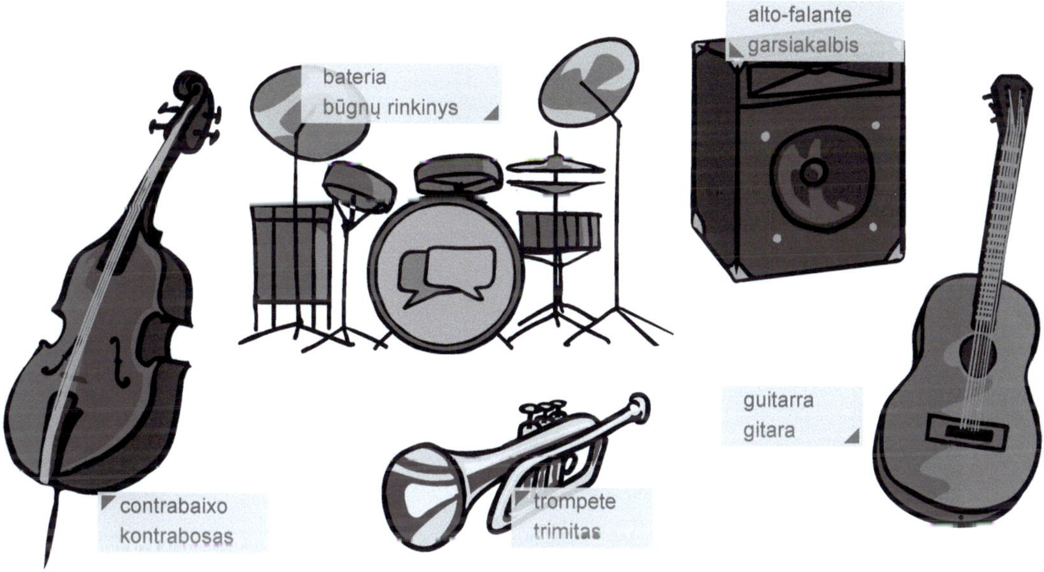

alto-falante
garsiakalbis

bateria
būgnų rinkinys

guitarra
gitara

contrabaixo
kontrabosas

trompete
trimitas

piano

pianinas

violino

smuikas

baixo

bosinė gitara

timbales

timpanas

tambor

būgnai

teclado

sintezatorius

saxofone

saksofonas

flauta

fleita

microfone

mikrofonas

entrada
įėjimas

tigre
tigras

gaiola
narvas

zebra
zebras

ração animal
gyvūnų pašaras

panda
panda

animais
gyvūnai

elefante
dramblys

canguru
kengūra

rinoceronte
raganosis

gorila
gorila

urso
meška

camelo

kupranugaris

avestruz

strutis

leão

liūtas

macaco

beždžionė

flamingo

flamingas

papagaio

papūga

urso polar

baltoji meška

pinguim

pingvinas

tubarão

ryklys

pavão

povas

cobra

gyvatė

crocodilo

krokodilas

guarda do zoológico

zoologijos sodo prižiūrėtojas

foca

ruonis

jaguar

jaguaras

zoológico - zoologijos sodas

pônei

ponis

leopardo

leopardas

hipopótamo

begemotas

girafa

žirafa

águia

erelis

javali

šernas

peixe

žuvis

tartaruga

vėžlys

morsa

vėplys

raposa

lapė

gazela

gazelė

futebol americano
amerikietiškas futbolas

ciclismo
dviračių sportas

tênis
tenisas

basquete
krepšinis

natação
plaukimas

hóquei no gelo
ledo ritulys

boxe
boksas

futebol	badminton	atletismo
futbolas	badmintonas	atletika

handebol	esqui	polo
rankinis	slidinėjimas	polas

atividades
užsiėmimai

rir
juoktis
pular
šokinėti
abraçar
apkabinti
andar
vaikščioti
cantar
dainuoti
sonhar
svajoti
rezar
melstis
beijar
bučiuoti

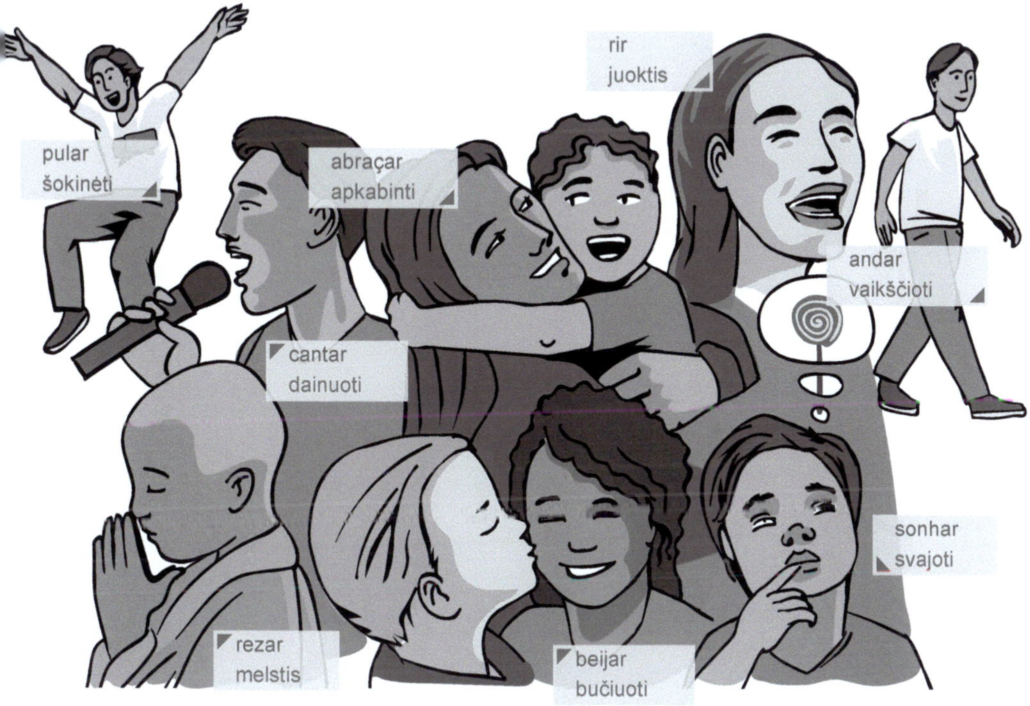

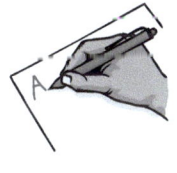

escrever

rašyti

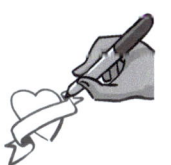

desenhar

piešti

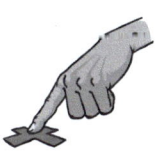

mostrar

rodyti

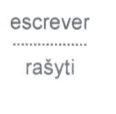

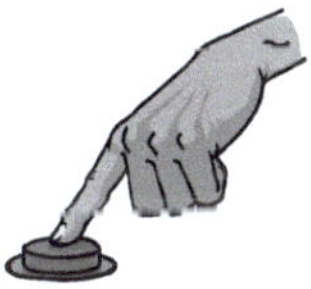

empurrar

stumti

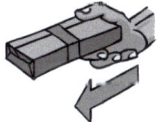

dar

duoti

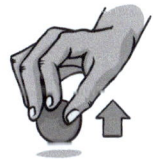

tomar

imti

ter
turėti

fazer
daryti

ser
būti

ficar de pé
stovėti

correr
bėgti

puxar
traukti

jogar
mesti

cair
kristi

deitar
meluoti

esperar
laukti

carregar
nešti

sentar
sėdėti

vestir
rengtis

dormir
miegoti

despertar
pabusti

olhar para

žiūrėti

chorar

verkti

acariciar

glostyti

pentear

šukuoti

falar

kalbėti

entender

suprasti

perguntar

paklausti

ouvir

klausytis

beber

gerti

comer

valgyti

arrumar

tvarkytis

amar

mylėti

cozinhar

gaminti

dirigir

vairuoti

voar

skristi

velejar

buriuoti

calcular

skaičiuoti

ler

skaityti

aprender

mokytis

trabalhar

dirbti

casar

vesti

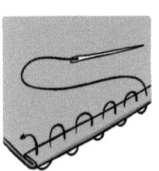

costurar

siūti

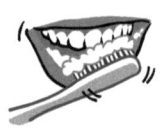

escovar os dentes

valytis dantis

matar

žudyti

fumar

rūkyti

enviar

siųsti

família
šeima

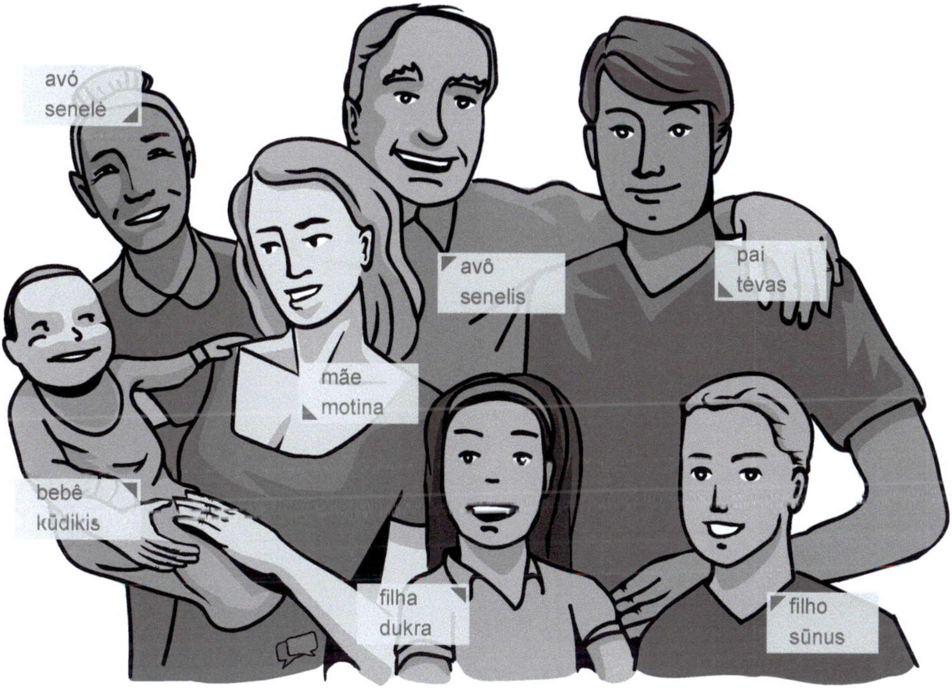
avó
senelė
avô
senelis
pai
tėvas
mãe
motina
bebê
kūdikis
filha
dukra
filho
sūnus

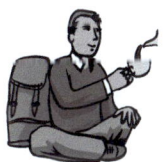

convidado

svečias

tia

teta

tio

dėdė

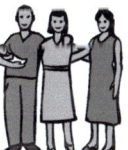

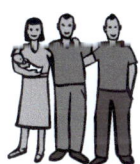

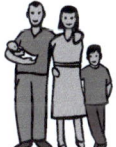

irmão

brolis

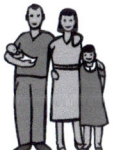

irmã

sesuo

corpo
kūnas

testa
kakta
olho
akis
ombro
petys
dedo
pirštas
rosto
veidas
queixo
smakras
mão
plaštaka
perna
koja
peito
krūtinė
braço
ranka

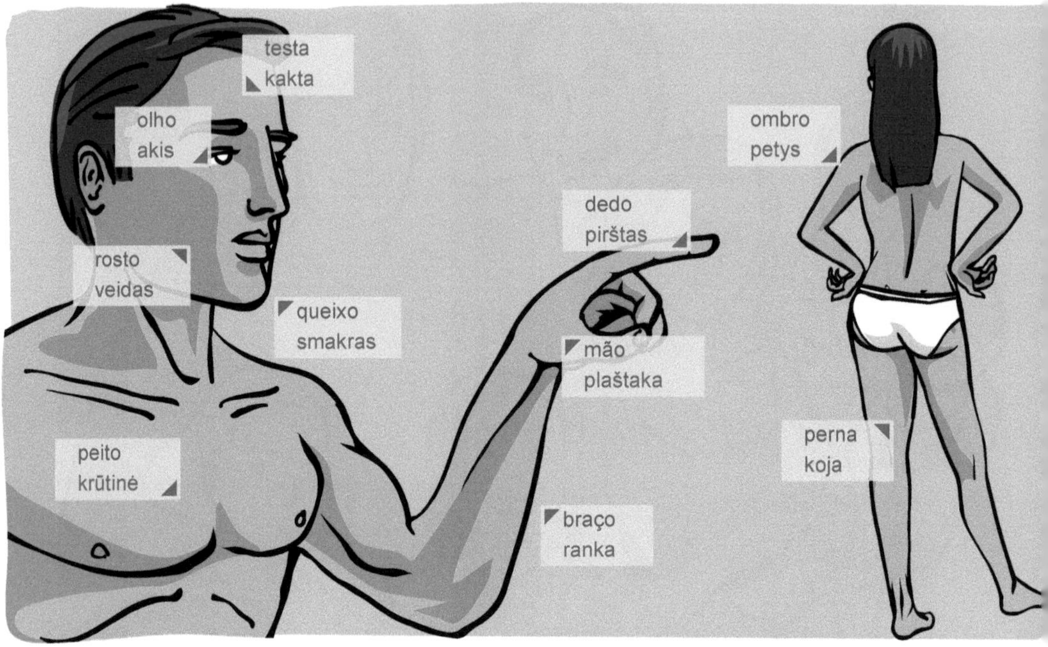

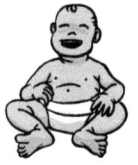

bebê

kūdikis

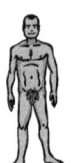

homem

vyras

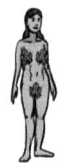

mulher

moteris

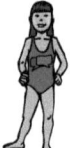

menina

mergaitė

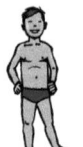

menino

berniukas

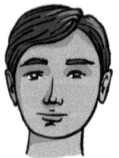

cabeça

galva

costas

nugara

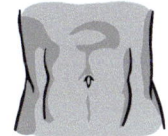

barriga

pilvas

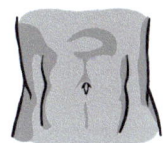

umbigo

bamba

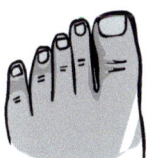

dedo do pé

kojos pirštas

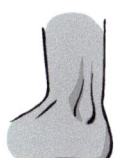

calcanhar

kulnas

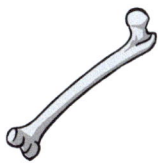

osso

kaulas

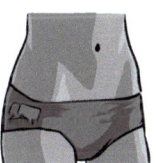

anca

klubas

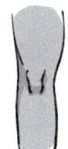

joelho

kelis

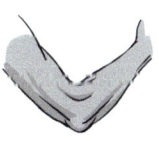

cotovelo

alkūnė

nariz

nosis

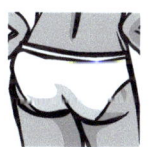

nádegas

sėdmenys

pele

oda

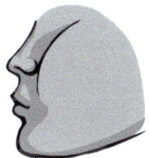

bochecha

skruostas

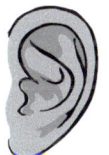

orelha

ausis

lábio

lūpa

boca
burna

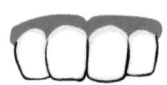

dente
dantis

língua
liežuvis

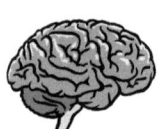

cérebro
smegenys

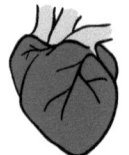

coração
širdis

músculo
raumuo

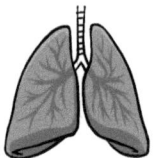

pulmão
plaučiai

fígado
kepenys

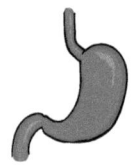

estômago
skrandis

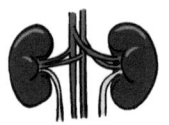

rins
inkstai

relações sexuais
seksas

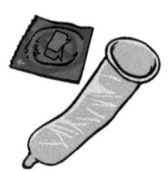

preservativo
prezervatyvas

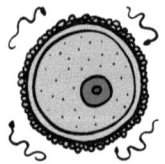

óvulo
kiaušialąstė

esperma
sperma

gravidez
nėštumas

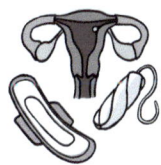

menstruação

menstruacijos

vagina

makštis

pênis

varpa

sobrancelha

antakis

cabelo

plaukai

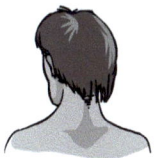

pescoço

kaklas

hospital
ligoninė

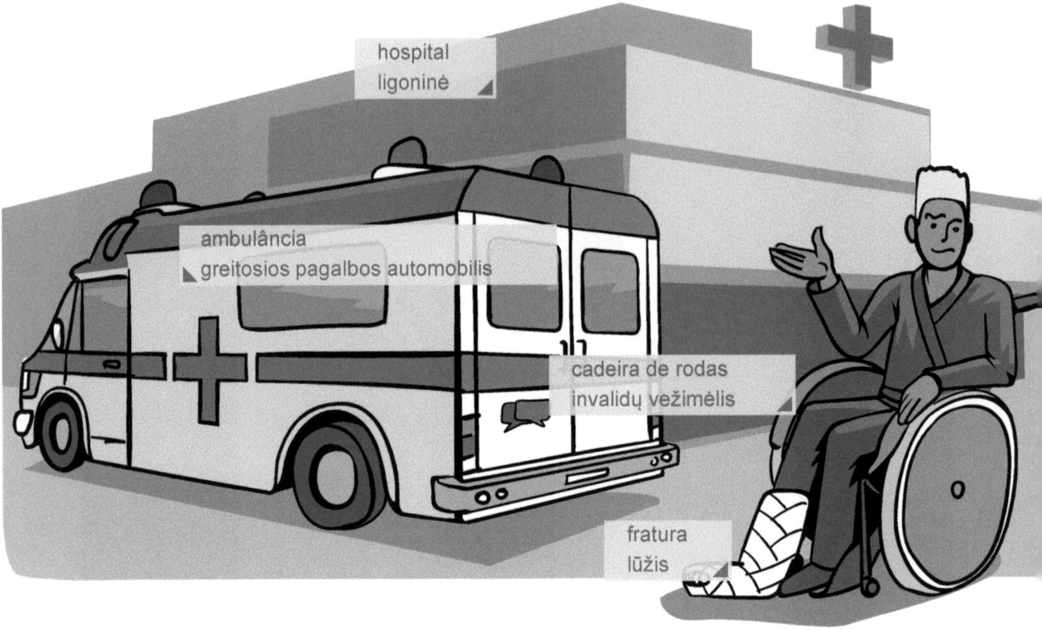

hospital
ligoninė
ambulância
greitosios pagalbos automobilis
cadeira de rodas
invalidų vežimėlis
fratura
lūžis

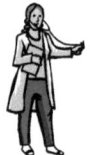

médico

gydytojas

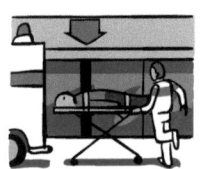

pronto-socorro

skubios pagalbos skyrius

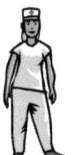

enfermeira

slaugytoja

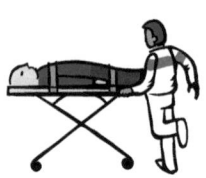

emergência

nelaimingas atsitikimas

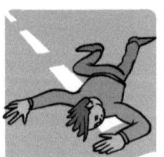

inconsciente

be sąmonės

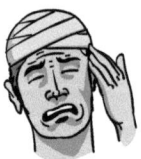

dor

skausmas

ferimento

sužalojimas

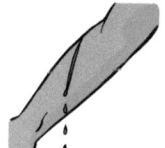

hemorragia

kraujavimas

ataque cardíaco

širdies smūgis

acidente vacular cerebral

insultas

alergia

alergija

tosse

kosulys

febre

karščiavimas

gripe

gripas

diarreia

viduriavimas

dor de cabeça

galvos skausmas

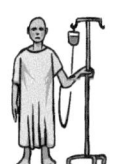

câncer

vėžys

diabetes

diabetas

cirurgião

chirurgas

bisturi

skalpelis

operação

operacija

CT
KT

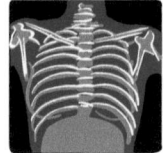

raio x
rentgenas

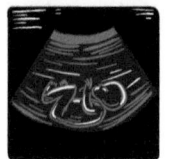

ultrassom
ultragarsas

máscara
veido kaukė

doença
liga

sala de espera
laukiamasis

muleta
ramentas

bandeide
gipsas

ligadura
tvarstis

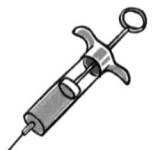

injeção
injekcija

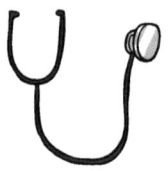

estetoscópio
stetoskopas

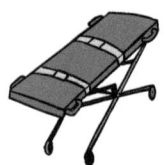

maca
neštuvai

termômetro
termometras

nascimento
gimimas

excesso de peso
antsvoris

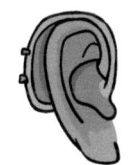

aparelho auditivo

klausos aparatas

desinfetante

dezinfekavimo priemonė

infecção

infekcija

vírus

virusas

HIV / AIDS

ŽIV / AIDS

medicamento

vaistas

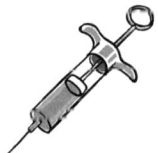

vacinação

skiepijimas

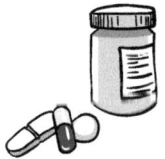

comprimidos

tabletės

pílula

piliulė

chamada de emergência

skubios pagalbos numeris

dispositivo de medição de
pressão arterial

kraujospūdžio matuoklis

doente / saudável

ligotas / sveikas

Socorro!
Padėkite!

alarme
pavojaus signalas

assalto
užpuolimas

ataque
ataka

perigo
pavojus

saída de emergência
avarinis išėjimas

Fogo!
Gaisras!

extintor de incêndios
gesintuvas

acidente
nelaimingas atsitikimas

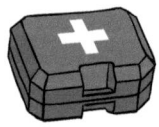

maleta de primeiros
socorros
pirmosios pagalbos rinkinys

SOS
SOS

polícia
policija

Europa

Europa

América do Norte

Šiaurės Amerika

América do Sul

Pietų Amerika

África

Afrika

Ásia

Azija

Austrália

Australija

Atlântico

Atlanto vandenynas

Pacífico

Ramusis vandenynas

Oceano Índico

Indijos vandenynas

Oceano Antártico

Pietų vandenynas

Oceano Ártico

Arkties vandenynas

Polo Norte

Šiaurės ašigalis

Polo Sul

Pietų ašigalis

Antártica

Antarktida

Terra

Žemė

terra

sausuma

mar

jūra

ilha

sala

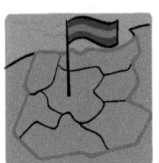

nação

tauta

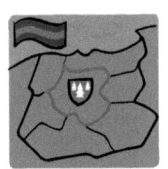

estado

valstybė

mostrador do relógio

ciferblatas

ponteiro das horas

valandinė rodyklė

ponteiro dos minutos

minutinė rodyklė

ponteiro dos segundos

sekundinė rodyklė

Que horas são?

Kiek valandų?

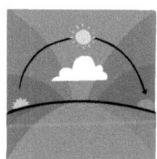

dia

diena

tempo

laikas

agora

dabar

relógio digital

skaitmeninis laikrodis

minuto

minutė

hora

valanda

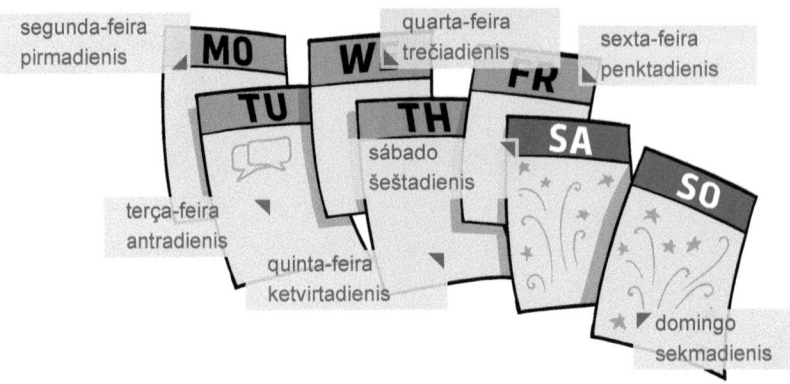

segunda-feira
pirmadienis

quarta-feira
trečiadienis

sexta-feira
penktadienis

terça-feira
antradienis

sábado
šeštadienis

quinta-feira
ketvirtadienis

domingo
sekmadienis

ontem

vakar

hoje

šiandien

amanhã

rytoj

manhã

rytas

meio-dia

vidurdienis

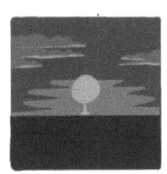

entardecer

vakaras

MO	TU	WE	TH	FR	SA	SU
1	2	3	4	5	6	7
8	9	10	11	12	13	14
15	16	17	18	19	20	21
22	23	24	25	26	27	28
29	30	31	1	2	3	4

dias úteis

darbo dienos

MO	TU	WE	TH	FR	SA	SU
1	2	3	4	5	6	7
8	9	10	11	12	13	14
15	16	17	18	19	20	21
22	23	24	25	26	27	28
29	30	31	1	2	3	4

fim de semana

savaitgalis

ano

metai

chuva
lietus
arco-íris
vaivorykštė
vento
vėjas
neve
sniegas
primavera
pavasaris
outono
ruduo
verão
vasara
inverno
žiema

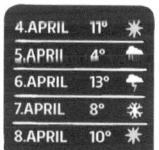

4.APRIL 11°
5.APRIL 4°
6.APRIL 13°
7.APRIL 8°
8.APRIL 10°

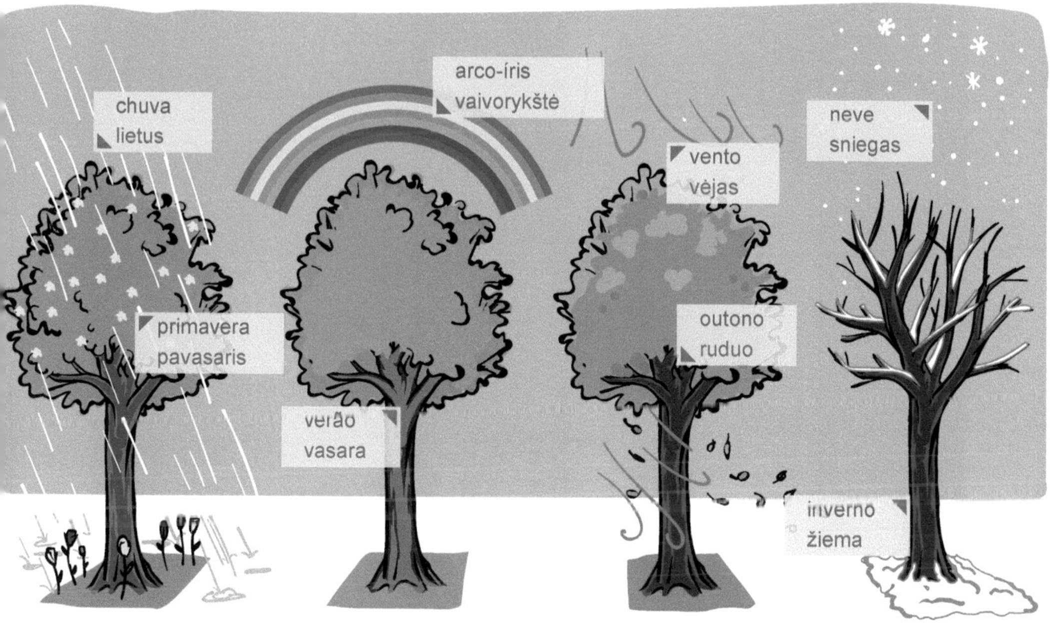

previsão do tempo

orų prognozė

F C

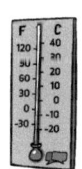

termômetro

lauko termometras

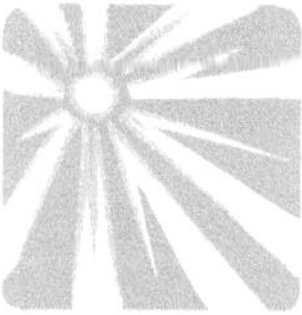

raio de sol

saulės šviesa

nuvem

debesis

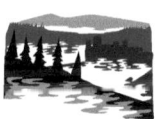

neblina / nevoeiro

rūkas

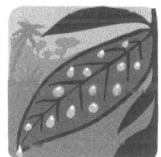

umidade do ar

drėgmė

relâmpago	trovão	tempestade
žaibas	griaustinis	audra
	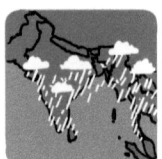	
granizo	monção	inundação
kruša	musonas	potvynis

gelo	janeiro	fevereiro
ledas	sausis	vasaris
	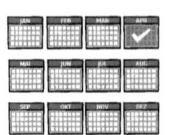	
março	abril	maio
kovas	balandis	gegužė

junho	julho	agosto
birželis	liepa	rugpjūtis

setembro
rugsėjis

outubro
spalis

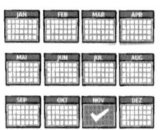

novembro
lapkritis

dezembro
gruodis

círculo
apskritimas

quadrado
kvadrataо

retângulo
stačiakampis

triângulo
trikampis

esfera
sfera

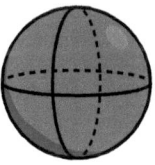

cubo
kubas

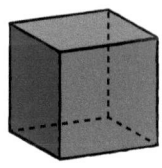

branco

balta

amarelo

geltona

laranja

oranžinė

rosa

rožinė

vermelho

raudona

lilás

violetinė

azul

mėlyna

verde

žalia

marrom

ruda

cinza

pilka

preto

juoda

muito / pouco

daug / mažai

furioso / tranquilo

piktas / ramus

lindo / feio

gražus / bjaurus

começo / fim

pradžia / pabaiga

grande / pequeno

didelis / mažas

claro / escuro

šviesus / tamsus

irmão / irmã

brolis / sesuo

limpo / sujo

švarus / purvinas

completo / incompleto

užbaigtas / neužbaigtas

dia / noite

diena / naktis

morto / vivo

miręs / gyvas

largo / estreito

platus / siauras

comestível / não comestível

valgomas / nevalgomas

mau / gentil

piktas / malonus

entusiasmado / entediado

linksmas / nuobodus

gordo / magro

storas / plonas

primeiro / último

pirmiausia / paskiausia

amigo / inimigo

draugas / priešas

cheio / vazio

pilnas / tuščias

duro / macio

kietas / minkštas

pesado / leve

sunkus / lengvas

fome / sede

alkis / troškulys

doente / saudável

ligotas / sveikas

ilegal / legal

nelegalus / legalus

inteligente / idiota

protingas / kvailas

esquerda / direita

kairė / dešinė

perto / longe

arti / toli

novo / usado
....
naujas / naudotas

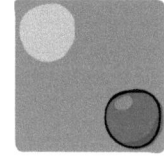

nada / alguma coisa
....
niekas / kažkas

velho / jovem
....
senas / jaunas

ligado / desligado
....
įjungta / išjungta

aberto / fechado
....
atidaryta / uždaryta

baixo / alto
....
tylus / garsus

rico / pobre
....
turtingas / vargšas

certo / errado
....
teisus / neteisus

áspero / liso
....
šiurkštus / švelnus

triste / feliz
....
liūdnas / laimingas

curto / longo
....
trumpas / ilgas

lento / rápido
....
lėtas / greitas

molhado / seco
....
dregnas / sausas

ameno / fresco
....
šiltas / šaltas

guerra / paz
....
karas / taika

0

zero

nulis

1

um

vienas

2

dois

du

3

três

trys

4

quatro

keturi

5

cinco

penki

6

seis

šeši

7

sete

septyni

8

oito

aštuoni

9

nove

devyni

10

dez

dešimt

11

onze

vienuolika

12

doze
dvylika

13

treze
trylika

14

quatorze
keturiolika

15

quinze
penkiolika

16

dezesseis
šešiolika

17

dezessete
septyniolika

18

dezoito
aštuoniolika

19

dezenove
devyniolika

20

vinte
dvidešimt

100

cem
šimtas

1.000

mil
tūkstantis

1.000.000

milhão
milijonas

inglês
....
anglų

inglês americano
....
amerikiečių anglų

chinês mandarim
....
kinų (mandarinų)

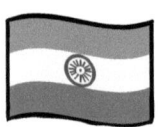

hindi
....
hindi

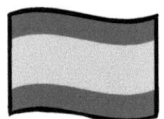

espanhol
....
ispanų

francês
....
prancūzų

árabe
....
arabų

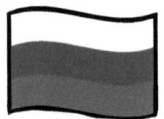

russo
....
rusų

português
....
portugalų

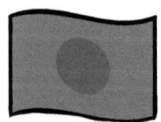

bengalês
....
bengalų

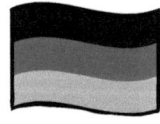

alemão
....
vokiečių

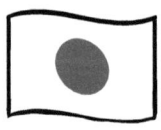

japonês
....
japonų

eu

aš

você

tu

ele / ela

jis / ji

nós

mes

vocês

jūs

eles / elas

jie

quem?

kas?

O quê?

ką?

como?

kaip'?

onde?

kur?

Quando?

kada?

nome

vardas

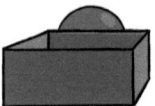

atrás

už

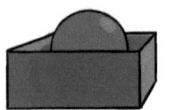

em

kur (vieta)

na frente de

priešais

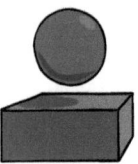

sobre

virš

em cima

ant

debaixo

po

do lado

prie

entre

tarp

lugar

vieta